날씨 나라 우산 가족의 나들이

똑똑하고 친절한 과학 동화 · 05
날씨 나라 우산 가족의 나들이

초판 1쇄 발행 2010년 8월 10일 | **초판 5쇄 발행** 2014년 8월 11일
글 장수하늘소 | 그림 이선주
펴낸이 도승철 | **펴낸곳** 밝은미래
등록 2005년 5월 2일 (제105-14-87935호)
주소 서울 마포구 서교동 395-126 | 전화 322-1612~3 | 팩스 322-1085
밝은미래 홈페이지 http://www.bmirae.com
편집 송진아, 오미현 | **디자인** 서정민
마케팅 박선정, 김은지 | **경영지원** 강정희

ⓒ장수하늘소 · 밝은미래, 2010
ISBN 978-89-92693-98-1 73400
ISBN 978-89-92693-34-9(세트)

※ 책값은 뒤표지에 있습니다.
※ 이 책 내용의 일부 또는 전부를 재사용하려면
   반드시 저작권자와 출판사 양측의 동의를 얻어야 합니다.

바람과 구름이 들려주는
기후와 날씨 이야기

날씨 나라 우산 가족의 나들이

장수하늘소 글 | 이선주 그림

밝은미래

작가의 말

우리 생활과
　　날씨의 비밀

　엄마 아빠와 공원에 놀러 가기로 했는데, 갑자기 비바람이 불고 천둥 번개가 치면 어떨까요? 모처럼 친구들과 2박 3일 야영을 하기로 했는데, 태풍이 지나간다는 일기 예보를 듣게 된다면요? 이처럼 야외에서 활동을 하기로 했는데, 갑자기 비가 내리거나 황사가 찾아오면 야외 활동 계획을 취소할 수밖에 없어요. 궂은 날씨 속에서 야외 활동을 한다면 감기나 몸살 같은 병에 걸리기 쉽거든요.

　그럼 이런 경우엔 어떨까요? 시험공부를 제대로 못 해서 마음이 무거운데, 갑작스러운 큰눈에 휴교를 한다면요? 겨울 방학 내내 집에서 빈둥거리고 있는데, 펑펑 눈이 내려 준다면 어떨까요? 마치 구원의 손길이라도 받은 것처럼 마음이 풀어지고, 당장 밖으로 뛰어나가 친구들과 눈싸움을 하거나 눈사람을 만들 거예요.

　이처럼 할 수 있던 일도 날씨 때문에 못 하는 경우도 많고, 할 수 없던 일도 날씨 때문에 할 수 있게 되는 일이 많아요. 그만큼 날씨와 우리 생활을 떼려야 뗄 수 없는 관계이지요.

　이 책에는 우리 생활을 일일이 참견하고 다니는 변덕쟁이 날씨에 대한 이야기가 담겨 있어요. 대기의 변화에 따라 달라지는 날씨, 높이 올라갈수록 낮아지는 기압, 지구가 살기 좋은 온도로 유지되는 이유, 우리나라에 사계절이 생기는 이유, 비와 눈을 만드는 구름 등 기후와 날씨와 관련된 궁금증이 잔뜩 들어 있어요. 그동안 날씨에 대해 궁금한 점이 있었다면, 이 책에서 그 궁금증을 풀 수 있을 거예요.

　때론 구름을 따라, 때론 바람과 빗방울을 따라, 때론 햇빛을 따라 이야기 속을 여행해 보세요. 날씨의 크고 작은 비밀을 알아낼 수 있을 거예요.

　그럼 날씨 이야기 속으로 휘리릭 들어가 볼까요?

2010년 8월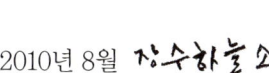

차례

작가의 말_ 우리 생활과 날씨의 비밀 …… 8

우주로 쏘아 올린 꽃배 |대기 …… 12

친구 찾아 삼만 리 |날씨 …… 22

기압이 지어 준 삼층밥 |기압 …… 32

태양 나라 여섯째 왕자 |온도 …… 42

지구를 질투한 달 |계절 ⋯⋯ 52

구름 도깨비 이야기 |구름 ⋯⋯ 62

우산 가족의 나들이 |비 ⋯⋯ 72

눈 요정은 새침데기 |눈 ⋯⋯ 82

대기: 지구 중력에 의하여 지구 주위를 둘러싸고 있는 기체예요.
이 기체의 층에서 날씨 변화가 생겨요.

우주로 쏘아 올린 꽃배

오늘은 '꽃배'를 우주로 쏘아 올리는 날이에요.
꽃배는 토끼 박사가 오랫동안 연구하여 만들어 낸 우주선이지요.
　토끼 박사와 너구리, 비버, 까치가 꽃배에 타기로 했어요. 노루와 멧돼지도 몹시 타고 싶어했지만, 덩치가 너무 커서 포기해야 했지요.
　"…… 3, 2, 1, 발사!"
꽃배가 하늘 위로 떠올랐어요. 동그란 창문으로 하늘이 보였지요.
　"저기 봐! 꽃동산이 장난감처럼 작게 보여. 조, 조금 무서운데……."
비버가 떨리는 소리로 말하자 까치가 픽 웃으며 말했어요.
　"까악 깍, 이 정도로 뭘 그래? 나는 만날 날아다니는데!"

그런데 갑자기 꽃배가 기우뚱하더니 심하게 흔들렸어요.

"까악 깍, 왜 그래? 무슨 일이야?"

"엄청난 바람이야. 꽉 잡아!"

꽃배는 마치 폭풍우에 휘말린 듯 출렁출렁했어요. 동물들도 덩달아 이리 엎어지고 저리 자빠지고 야단이었지요. 비버는 그만 기절하고 말았어요. 꽃배는 바람에 휘말려 한참 동안 올라갔어요. 그러다 어느 순간 뚝 멈춰 섰지요. 까치가 호들갑스레 물었어요.

"까악 깍, 혹시 우리 모두 죽은 거야?"

"아니야. 바람에서 벗어난 거야. 안심해."

그제야 동물들은 가슴을 쓸어내리며 자리에 앉았어요. 그리고 비버를 도닥여 깨웠지요.

조금 뒤 '탁 타닥 탁탁' 하고 뭔가 부딪치는 소리가 들렸어요.

"까악 깍, 이번엔 또 뭐야?"

"비가 내리고 있어."

까치가 옹동그리며 투덜댔어요.

"으으으으, 그런데 왜 이렇게 추운 거야?"

너구리가 꽃배에 달린 온도계를 보며 말했어요.

"온도가 점점 내려가고 있어."

토끼 박사가 침착하게 말했어요.

"조금만 참아. 구름 위로 올라가면 괜찮아질 거야."

"까악 깍, 괜찮긴 뭐가 괜찮다는 거야. 난 하늘에서 얼어 죽긴 싫어. 어서 내려가!"

까치는 쉬지 않고 시끄럽게 졸라 댔어요. 토끼 박사 또한 끈질기게 운전했지요. 비버는 귀퉁이에서 겨울잠자듯 꼬박꼬박 졸고 있었어요.

까치와 토끼 박사가 한참 실랑이를 하는데, 너구리가 불쑥 끼어들었어요.

"잠깐! 온도가 조금씩 올라가는데?"

너구리의 말에 모두 온도계 앞에 모였어요. 눈금이 정말로 아주 조금씩 올라가고 있었어요.

"거봐, 이제 점점 따뜻해질 거고, 우리는 우주 여행을 하는 거야!"

동물들은 용기를 내어 다시 우주를 향해 출발했어요. 비버는 아예 쌔근쌔근 잠들었지요. 한동안 평화로운 여행이 계속되었어요. 저만치 아래에서 구름바다가 일렁였지요. 더 이상 추워지지도 않았어요. 너구리가 창밖을 바라보며 중얼거렸어요.

"구름 위로 올라오니 정말 춥지 않네. 어? 그런데 저건 뭐지?"

너구리가 뭐라 말하기도 전에, 꽃배가 무엇엔가 쾅 부딪혀 빙그르르 돌았어요. 그 바람에 동물들도 바닥으로 내팽개쳐졌어요. 비버도 화들짝 놀라 일어났지요.

"까악 깍! 천둥이다, 천둥!"

너구리가 몹시 아픈 듯 머리를 감싸며 말했어요.

"아냐, 비행기가 지나갔어. 우리가 비행기에 부딪혔나 봐!"

토끼 박사가 다급한 목소리로 소리쳤어요.

"물탱크가 새고 있어. 어떡하지?"

동물들은 모두 창에 매달려 물이 새는 것을 지켜보았어요. 동물들이 우주 여행을 하면서 마실 물이지요. 너구리가 다급하게 말했어요.

"하늘을 날 수 있는 까치가 수리하는 게 좋겠어!"

"까악 깍! 말도 안 돼!"

"우리 모두 살려면 날아다닐 수 있는 네가 해야 해!"

그러자 토끼 박사가 우울하게 말했어요.

"밖으로는 나갈 수 없어. 바깥은 공기가 아주 조금밖에 없거든."

"까악 깍, 그럼 숨 쉴 수 없잖아. 난 절대 안 나갈 거야!"

"아무도 나갈 수 없어. 문을 열면 안에 있는 공기가 밖으로 우르르 빠져나가면서 우리도 밖으로 밀려 나갈 거야."

토끼 박사 말에 모두 눈이 동그래졌어요.

"그럼 어떡하지?"

물의 양은 눈에 띄게 줄어들었지만 어찌해야 할지 아무도 몰랐지요.

그때 비버가 조심스럽게 말했어요.

"내가 물탱크 안으로 들어가 볼까?"

모두 비버를 돌아보았어요. 비버는 씽긋 웃어 보였어요.

"난 물속에서 집짓기 선수잖아. 그리 어렵지 않을 거야."

비버는 곧 물탱크 속으로 들어갔어요. 비버는 몇 번이나 자맥질을 하고 나서야 겨우 새는 곳을 막을 수 있었어요.

"휴, 겨우 끝냈다."

동물들도 비버를 따라 한숨을 내쉬었어요.

꽃배는 다시 여행을 시작했어요. 한참 동안 올라가다 보니, 어느덧 밤이 되었지요. 주변에서는 아무 소리도 들리지 않았어요. 따뜻해졌고 마냥 평화로웠지요.

창밖을 보던 토끼 박사가 읊조리듯 말했어요.

"별똥별이다."

그런데 한참 더 올라가다 보니, 다시 추워지기 시작했어요.

비버는 어느새 잠들어 있었어요. 까치는 말할 기운도 없는지 비버 곁에 붙어서 꼼짝도 하지 않았지요. 토끼 박사도 참기 어려웠어요.

"아무래도 안 되겠어. 이대로 가다간 모두 얼어 죽고 말 거야."

토끼 박사는 운전대를 잡은 손에 힘을 주었어요.

"이대로 우주 여행을 포기해야 하는 걸까?"

와글와글 정보 상자

 대기가 뭐예요?

지구는 공기로 둘러싸여 있어요. 공기는 중력 때문에 우주로 도망가지 못하고, 마치 두꺼운 이불처럼 지구를 덮고 있지요. 이 공기 이불이 바로 '대기'예요. 대기는 기온의 변화에 따라 대류권, 성층권, 중간권, 열권으로 나뉘어요.

① 대류권 : 지구가 태양열을 받으면 가장 먼저 땅이 데워지고, 땅과 가까운 아래쪽 공기가 데워져요. 이때 데워진 공기는 가벼워져 위로 올라가고, 위쪽에 있던 찬 공기가 아래로 내려오는데, 이러한 현상을 '대류'라고 해요. 그리고 대류가 이루어지는 땅과 가까운 공기층을 '대류권'이라고 하지요. 대류권에서는 끊임없이 대류가 일어나고, 날씨 현상도 일어나요.

② 성층권 : 대류권 위에 있는 기층이에요. 성층권 안에는 오존층이 있는데, 오존층은 자외선을 흡수하여 열을 내요. 성층권에서는 대류가 일어나지 않기 때문에 바람이 불지 않아, 비행기는 성층권에서 날아다닙니다.

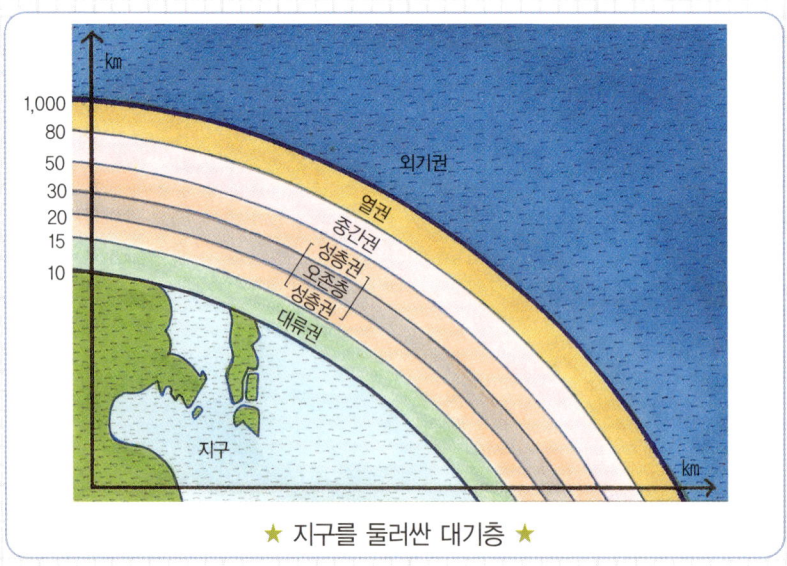

★ 지구를 둘러싼 대기층 ★

③ 중간권 : 성층권 위에 있는 기층이에요. 중간권에서도 대류 현상은 일어나지만 공기 양이 적어서 날씨 현상은 일어나지 않아요. 우주를 떠다니던 돌이 지구 중력에 끌려 들어오다가 중간권에 부딪혀 타는 것을 '별똥별' 이라고 해요. 만약 중간층이 없다면 지구도 달처럼 분화구 투성이가 되어 있을 거예요.

④ 열권 : 중간권 위에 있는 기층으로, 기온이 2,000℃까지 올라갈 정도로 뜨거운 곳이에요. 열권에서는 태양에서 날아온 전기 알갱이가 지구에 들어오다 부딪혀 생기는 화려한 오로라를 볼 수 있어요.

오존층에 구멍이 났어요

여름철에 사람들은 피부에 자외선 차단제를 바르고, 선글라스를 써요. 태양에서 나오는 자외선이 피부를 병들게 하고 눈을 상하게 하거든요.

지구도 자외선 차단제를 두르고 있어요. 성층권에 있는 '오존층'이 바로 그것이지요. 오존층은 생물에게 해로운 자외선이 땅에 이르기 전에 미리 막아 주는 역할을 해요. 그런데 최근 오존층이 점점 얇아지고 있어요. 냉장고와 에어컨, 스프레이, 페인트 등에 사용되는 프레온가스가 오존층을 파괴하는 범인이에요.

오존층이 더 이상 파괴되는 것을 막기 위해서 전 세계 사람들은 프레온가스를 사용하지 않기로 약속하고, 프레온가스 대신 사용할 수 있는 것을 연구하는 중이에요.

날씨: 비나 눈이 오는 것, 날이 맑거나 흐린 것, 기온이 높고 낮은 것 등이 모두 날씨 현상이에요. 최근엔 이상 기후 현상 때문에 날씨가 자꾸 변덕을 부리지요.

친구 찾아 삼만 리

    나는 해님에서 태어난 햇살이에요. 사람들은 나를 햇볕이라고도 하고 햇빛이라고도 하지요.

    나는 친구를 사귀고 싶었어요. 별들도 친구가 있고, 돌들도 친구가 있는데 나는 친구가 없어서 외롭거든요. 우주 여기저기 가 보았지만, 어디를 가든 어둠이 딱 막아설 뿐 친구를 찾을 수 없었어요.

    그런데 어둠이 없는 곳을 발견했어요. 바로 지구라는 별이지요. 나는 오늘 지구로 갈 거예요. 그곳에는 왠지 내 친구가 있을 것 같거든요.

    슈웅 슝! 지구는 그리 멀지 않았어요. 파란 하늘에 들어서자, 뭔가 부드럽고 상쾌한 것이 느껴졌어요. 나는 설레는 마음으로 물어보았어요.

"누구세요?"

친구일지도 모른다는 생각에 가슴이 콩콩 뛰었어요.

한참 만에 무덤덤한 목소리가 들렸어요.

"난 공기야."

난 주위를 돌아보았어요. 공기를 처음 보았어요. 나처럼 사람들의 눈에 보이지 않는 친구였어요. 나는 공기와 장난을 치고 싶었어요. 공기 알갱이들을 간질이자 키득키득 웃음이 들려왔지요.

"나와 친구 하자!"

하지만 공기들은 저희끼리 키득키득 웃을 뿐 아무 대꾸도 하지 않았어요. 내가 가까이 다가가면 저희끼리 호르르 날아가 버렸지요.

"나를 끼워 주지 않는구나."

나는 공기들의 웃음소리를 뒤로 하고, 땅으로 내려갔어요. 넓디넓은 땅이 신기했어요. 나는 땅속을 파고들었어요. 몸을 비벼 대기도 하고, 아예 누워도 보았지요. 땅은 내가 좋았는지 금세 따뜻해졌어요.

"나와 친구 할래요?"

내가 조심스럽게 묻자, 땅이 실눈으로 나를 쳐다보았어요.

"나는 생명들을 키우느라 좀 바빠. 너도 바빠 보이는데?"

"난 바쁘지 않아요. 친구를 찾고 있는걸요."

그러자 땅이 버럭 화를 냈어요.

"날씨를 만드는 일을 하면서 바쁘지 않다니, 말도 안 돼!"

나는 깜짝 놀라 튕기듯 날아올랐어요. 아마도 땅은 너무 바빠서 화가 났나 봐요. 가까이 가면 큰일 나겠어요.

어디선가 시끌벅적한 소리가 들렸어요.

"어어! 내 몸이 뜬다."

땅 근처에서 따뜻해진 공기들이 덩실덩실 춤추듯 날아올랐어요.

"한번 따라가 볼까?"

그때 어디선가 찬바람이 휙 불어와 나를 들이받았어요. 깜짝 놀라 돌아보니 찬 공기 덩이가 무게를 잡고 누워 있었어요.

"뭘 그리 놀라니? 따뜻한 공기들을 밀어올리고 나를 불러들인 게 바로 너잖아."

난 건방지게 말하는 찬 공기 덩이가 싫었어요. 그런데 찬 공기 덩이가 능글능글 말을 붙였어요.

"나랑 친구 하고 놀자!"

아무리 친구가 없다 해도, 예의 없는 찬 공기와 친구 하긴 싫었어요.

"싫어!"

나는 재빨리 달음질쳐 바다 속으로 들어갔어요. 찬 공기가 따라붙을까 봐 후닥닥 숨었지요. 나는 기분 좋게 바다 속을 휘젓고 다녔어요. 공기를 가르며 돌아다닐 때와는 다른 느낌이었지요.

그런데 가만히 보니까 바닷물도 천천히 흐르고 있었어요. 마치 공기들이 그랬던 것처럼 찬물과 더운물이 이리저리 오가며 움직였지요.

바다는 나를 흘끔 보더니 나지막이 중얼거렸어요.

"나를 움직이게 하다니 어지간히 힘이 세군."

"난 바다 님을 움직이게 한 적 없는데요."

"하하하, 어린 햇살인가 보군. 자기가 무슨 일을 한 줄도 모르다니."

바다는 기분 좋게 너털웃음을 지었지만, 나는 어리다고 무시하는 것만 같아 기분이 나빴어요. 바다랑도 친구 하고 싶지 않았어요.

바다 밖으로 빠져나가려는데, 아주 작은 물방울들이 하늘로 올라가는 게 보였어요.

"너희도 나처럼 바다가 싫어서 하늘로 날아가는구나."

난 물방울들과 함께 하늘 높이 올라갔어요. 하늘에는 또다른 바다가 있었어요. 바로 구름바다였어요!

구름 속은 쉴 새 없이 조잘대는 물방울들 때문에 무지 시끄러웠어요.

"야, 여긴 너무 좁아. 저리 가!"

"저기도 좁긴 마찬가지야."

"으으으, 난 너무 추워서 얼음 알갱이가 돼 버렸어."

나는 물방울들과 친구가 되고 싶었어요. 그래서 춥다고 덜덜 떨며 얼음 알갱이가 돼 가는 물방울들을 꼭 끌어안아 주었지요. 그랬더니 물방울들이 야단법석이었어요.

"해님이 또 바다에서 물방울들을 잔뜩 가지고 왔네."

"어이구, 몸이 너무 무거워졌어. 나 먼저 내려간다! 안녕!"

물방울들은 순식간에 빗방울이 되어 일제히 땅으로 떨어졌어요.

후드득! 후드득! 도망치듯 땅으로 달려가는 빗방울을 보니 몹시 서운했어요. 내가 새치름히 있자 누군가 말을 걸었어요.

"서운할 거 없어. 구름을 만든 것도 너고, 비를 만든 것도 너잖아."

휙 돌아보았지만 아무것도 보이지 않았어요.

"누구세요?"

"우리 아까 만난 적 있는데? 자세히 봐."

나는 자세히 들여다보았어요. 아까 땅 언저리에서 거만하게 누워 있던 찬 공기 덩이였어요. 난 화들짝 놀라 쏘아붙였어요.

"언제 여기까지 따라온 거야?"

"네 덕분에 여기까지 올라왔지, 뭐. 나랑 친구 하자니까."

도대체 내가 언제 이 거만한 공기 덩이를 하늘로 올렸다는 건지 도통 알 수 없었어요.

아, 지구에는 나를 반가워해 주는 친구가 찬 공기 덩이밖에 없는 걸까요?

 와글와글 **정보 상자**

날씨와 기후

한 지역에서 오랜 시간 동안 나타나는 날씨의 특징을 '기후'라고 해요. 어떤 지역에서는 1년 내내 똑같은 날씨가 이어지기도 하고, 어떤 지역에서는 계절마다 날씨가 변하기도 해요. 기후는 태양열을 많이 받느냐 적게 받느냐에 따라 크게 변한답니다.

지구의 기후대는 크게 극지방에 나타나는 차가운 '냉대 기후'와 적도 지방을 중심으로 나타나는 '열대 기후', 극지방과 적도 지방 사이에 나타나는 따뜻한 '온대 기후'로 나눌 수 있어요.

우리나라는 온대 기후예요. 온대 기후가 나타나는 지역은 사계절이 있고, 계절에 따라 온도 차이와 날씨 변화가 크지요. 또한 냉대 기후와 열대 기후의 영향을 모두 받기 때문에 겨울엔 냉대 기후처럼 춥고, 여름엔 열대 기후처럼 덥답니다.

백엽상

기온은 흔히 온도계로 재는데, 같은 지역이라도 재는 위치에 따라서 다르게 나타나요. 온도계를 햇볕에 내어놓고 기온을 재면 온도계가 열을 직접 받아서 온도가 더 높게 나타나고, 비나 눈이 오는 곳에서는 기온을 정확하게 잴 수 없어요. 따라서 기온을 측정할 때는 일정한 조건을 갖춘 장소가 필요해요.

★ 백엽상 ★

일정한 조건을 일부러 만들어서 기온을 측정할 수 있도록 한 것이 '백엽상'이에요. 백엽상은 바람이 잘 통하는 잔디밭 위에 세우고, 온도계는 땅 위 1.5미터 정도의 높이에 설치하지요. 백엽상의 문은 북쪽에 달고, 외부는 햇볕의 영향을 덜 받도록 흰색으로 칠해요.

엘니뇨와 라니냐

지구의 날씨가 이상해졌어요. 한쪽에서는 땅이 쩍쩍 갈라지는 가뭄이 드는가 하면, 다른 쪽에서는 폭우가 쏟아지지요. 여름은 덥지 않고 겨울은 춥지 않아서 동식물이 혼란을 겪고, 생태계가 위협을 받고 있어요. 특히 엘니뇨 현상이 발생한 해에는 유독 지구 곳곳에서 기상재해가 많이 일어나요.

엘니뇨는 에스파냐 말이에요. '사내아이' 또는 '아기 예수'라는 뜻으로, 크리스마스 즈음부터 3월까지 태평양 적도 근처 바닷물이 비정상적으로 따뜻해지는 것을 말하지요. 이때 물이 따뜻해지면서 공기의 거대한 흐름을 깨뜨려 지구 전체의 날씨를 뒤죽박죽으로 만들어 버리는 거예요. 호주와 아프리카에는 가뭄이 심하고, 미국과 멕시코에서는 폭우가 쏟아지지요. 그뿐만이 아니에요. 따뜻한 바닷물 온도에 미처 적응하지 못한 물고기들이 떼죽음을 당하기도 해요.

엘니뇨와 반대로 적도 근처 바닷물이 비정상적으로 차가워지는 것을 라니냐 현상이라고 해요. 라니냐는 '여자 아이'란 뜻인데, 이때에도 세계 여러 나라에서 기상재해가 일어나 많은 피해를 입게 되지요.

기압: 공기를 누르는 힘이 기압이에요. 산이나 높은 곳으로 올라갈수록 공기의 무게가 감소하기 때문에 기압이 낮아져요.

기압이 지어 준 삼층밥

오늘은 온 가족이 기압산에서 캠핑하기로 한 날이에요. 그런데 엄마가 중요한 일 때문에 회사에 나가는 바람에 아빠랑 효민이랑 유민이랑 셋이서만 캠핑을 가게 되었어요.

캠핑을 처음 가 보는 효민이와 유민이는 마냥 신 났어요. 하늘도 기분 좋은 듯 화창하고 푸르렀어요. 드디어 기압산 자락에 닿았어요.

아빠는 차에서 텐트와 가방을 꺼내 어깨에 메었어요. 효민이와 유민이는 요리 도구를 나누어 들었지요.

"효민, 유민! 준비 됐니?"

"네!"

아빠, 유민이, 효민이의 순서로 산을 오르기 시작했어요. 산자락엔 철쭉이 한창 흐드러졌고, 크고 작은 나무에는 나뭇잎들이 제법 푸르렀어요. 효민이는 산바람을 느끼며 마냥 기분 좋았어요.

"산 위에서 부는 바람 시원한 바람, 그 바람은 좋은 바람……."

효민이가 노래를 부르자, 유민이와 아빠가 따라 불렀어요.

"그 바람은 좋은 바람, 고마운 바람……."

얼마쯤 지났을까, 송글송글 맺힌 땀방울을 닦아 내며 산을 오르다 보니 산 중턱에 다다랐어요. 효민이와 유민이는 숨이 차서 노래 부르기를 그만두었어요. 대신 산새가 쪼로롱 쫑쫑 노래했지요. 간간이 딱따르르르 딱딱, 딱따구리가 나무 쪼는 소리가 메아리쳤어요.

효민이와 유민이는 곧은 나뭇가지를 찾아 하나씩 집어 들었어요. 지팡이 삼아 올라가면 조금 수월할 것 같았거든요.

한참 동안 산에 더 올랐어요.

"아빠, 귀가 이상해요."

"저도요. 뭔가 막힌 것도 같고, 먹먹한 것도 같고요."

"그래? 그럼 침을 모았다가 한번 삼켜 봐. 괜찮아질걸?"

효민이와 유민이는 아빠가 시키는 대로 해 보았어요. 침을 꼴깍 삼키자 귀가 뻥 뚫리는 것 같았어요.

"와, 신기하다!"

어느덧 정상에 가까워졌어요. 그런데 이제 효민이와 유민이는 발에 모래주머니를 매단 것만 같았어요. 결국 유민이가 먼저 땅에 털썩 주저앉고 말았어요.

"더 이상 못 가겠어요, 아빠."

"그래, 여기까지 온 것도 기특하다. 바로 요앞이 캠핑장이란다. 저기 보이지?"

아빠가 캠핑장에 자리를 잡았어요.

"우리 밥부터 해 먹을까? 음, 큼지막한 돌을 주워 오렴."

효민이와 유민이가 돌을 찾는 동안 아빠는 밥 지을 준비를 했어요. 여행용 냄비에 깨끗이 씻어 온 쌀과 물을 붓고, 버너에 불을 켰지요.

"아빠, 돌멩이 가져왔어요."

효민이와 유민이가 양손에 든 돌멩이를 내밀었어요. 효민이는 큰 돌 두 개, 유민이는 조막만 한 돌멩이 두 개를 들고 있었어요.

"유민이가 가져온 돌은 좀 작구나."

아빠는 효민이가 가져온 돌을 잘 닦아서 두 냄비 뚜껑 위에 하나씩 얹어 놓았어요. 유민이는 입을 삐죽거리고는 들고 있는 돌을 바닥에 툭 떨어뜨렸어요.

효민이가 눈을 동그랗게 뜨고 물었어요.

"아빠, 왜 돌멩이를 뚜껑에 올려놓는 거예요?"

"돌을 올려놓지 않으면 삼층밥이 되거든."

"삼층밥이요? 밥이 3층이 돼요?"

"하하하. 아랫부분은 밥이 타서 누룽지가 되고, 가운데 부분은 잘 익고, 윗부분은 설익게 되는 밥을 말하는 거야. 한 마디로 엉망진창 밥이지."

효민이는 고개를 갸웃했어요. 돌멩이를 올려놓아야 밥이 잘 된다니, 이상하기 짝이 없었지요.

아빠가 일어서며 말했어요.

"밥이 되는 동안 텐트를 쳐야겠다. 효민아, 유민아! 아빠 좀 도와줄래?"

효민이는 냉큼 일어났어요. 텐트 치는 것도 재미있을 것 같았거든요. 하지만 유민이는 아빠와 효민이가 텐트를 치느라 정신없는 틈을 타서 밥통 위에 있는 돌을 몰래 내려놓고, 자기가 가져온 작은 돌을 올려놓았지요. 그러고는 흐뭇한 듯 씨익 웃었어요.

"유민이는 우리 안 도와줄 거니?"

"지금 가요!"

유민이는 텐트가 있는 쪽으로 갔어요. 콧노래가 저절로 나왔지요.

세 사람은 텐트를 치고 짐 정리도 했어요. 잠자리도 준비했지요.

"밥이 다 됐나? 아, 배고프다!"

아빠와 효민이와 유민이는 밥이 끓고 있는 곳으로 갔어요. 가장 먼저 달려간 효민이가 다급하게 소리쳤어요.

"아빠! 밥이 끓어 넘쳤어요."

"어? 이상하다. 돌로 잘 눌러 놓았는데……."

그러자 유민이가 울음을 터뜨렸어요.

"으앙!"

아빠는 나동그라진 냄비 뚜껑과 작은 돌멩이와 유민이를 번갈아 보았어요. 그러고는 빙긋 웃으며 유민이를 가만히 안아 주었어요.

"유민아, 네가 찾아온 돌멩이를 올려놓고 싶었구나?"

유민이는 여전히 울며 고개를 끄덕였어요.

"괜찮아. 이 기회에 삼층밥이 어떤 맛인지 한번 먹어 보지, 뭐."

그러자 효민이가 손뼉을 치며 좋아했어요.

"와, 신 난다. 난 삼층밥이 어떤 건지 진짜 궁금했어."

그제야 유민이는 눈물을 쓰윽 닦으며 헤벌쭉 웃었어요.

셋은 엄마가 싸 주신 반찬 몇 가지를 곁들여 삼층밥을 먹기 시작했어요. 과연 어떤 맛이었을까요?

 와글와글 정보 상자

 기압이 무엇인가요?

　공기는 볼 수도 만질 수도 없지만, 무게가 있어서 우리를 누르고 있어요. 공기의 무게를 '공기가 누르는 힘'이라는 뜻의 '기압'이라고 해요. 공기가 없는 달나라에서 붕 떠다니는 이유는 바로 기압이 없기 때문이지요.

　우리는 기압을 느낄 수 없어요. 공기가 우리 몸을 누르는 힘만큼 우리 몸 안에서도 바깥으로 밀어내기 때문이지요. 이렇듯 우리가 땅에서 생활하면서 편안하게 느끼는 기압의 세기를 1기압이라고 해요.

　기압을 느끼려면 산에 올라가 보세요. 높은 곳에 오르면 순간 귀가 먹먹해진답니다. 이것은 1기압에 적응되어 있던 몸이 낮아진 기압에 다시 적응하려는 반응이에요. 높은 곳으로 올라갈수록 공기가 적어지기 때문에 기압이 낮아지거든요. 이럴 때 침을 꿀꺽 삼키면 몸 속 기압과 바깥 기압이 같아져 귀가 뻥 뚫린답니다.

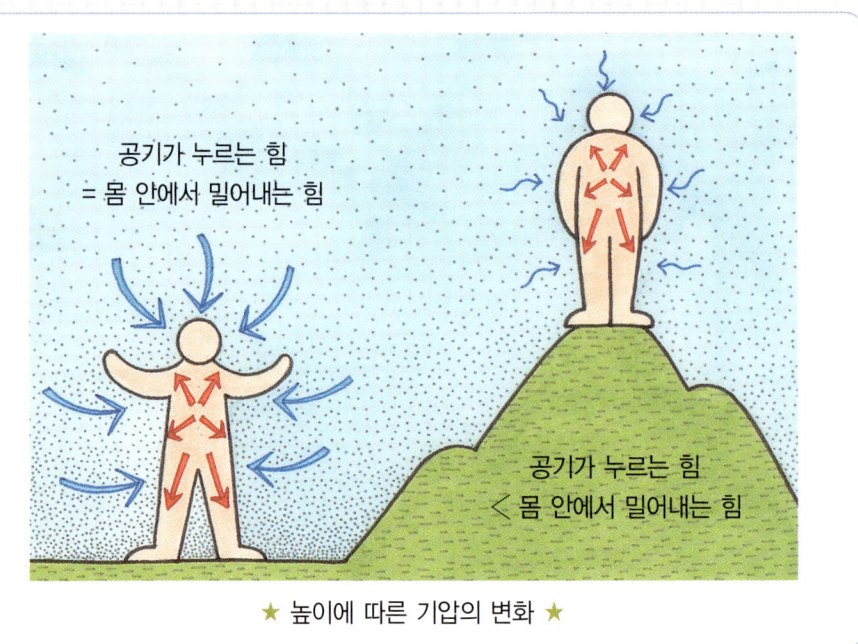

★ 높이에 따른 기압의 변화 ★

높은 산에선 왜 밥이 설익을까요?

밥을 지어 본 적 있나요? 잘 씻은 쌀에 적당량의 물을 붓고 불 위에 올려놓으면, 물이 끓으면서 쌀이 익지요.

1기압일 때 보통 물은 100℃에서 끓지만, 높은 산 위에선 기압이 낮기 때문에 물이 80~90℃에서 끓어요. 물은 끓지만 100℃만큼 뜨겁지 않기 때문에 밥이 잘 익지 않지요. 그러다 보니 불 가까이에 있는 아랫부분은 밥이 타고, 중간 부분은 적당히 익고, 윗부분은 잘 익지 않은 삼층밥이 되는 거랍니다.

따라서 산에서 맛있는 밥을 먹으려면 일부러 기압을 높여야 해요. 그래서 뚜껑에 무거운 돌을 올려놓는 거예요.

고기압과 저기압

기압이 높은 곳을 '고기압'이라고 하고, 기압이 낮은 곳을 '저기압'이라고 하지요. 고기압과 저기압이 생기는 이유는, 햇볕이 지구를 구석구석 똑같이 데우지 않기 때문이에요. 햇볕을 많이 받는 곳은 공기가 더워져 하늘로 올라가요. 따뜻한 공기가 위로 올라가는 것은 주변에 있는 공기보다 가볍기 때문이지요.

따뜻한 공기가 하늘로 올라가고 나면 그 자리는 공기가 줄어들어 저기압이 돼요. 그러면 하늘에 있던 공기 중에서 차갑고 무거운 공기가 빈자리로 몰려 내려오지요. 빈자리였던 곳에 공기가 몰려들면 이번엔 공기가 빽빽해져 고기압이 돼요.

공기는 이렇듯 늘 빽빽한 자리에서 여유 있는 자리로 옮겨다녀요. 그래서 기압은 항상 변한답니다.

> 온도: 대부분의 물체가 열을 받으면 온도가 올라가는데, 지구는 그렇지 않아요.
> 지구를 감싸고 있는 대기가 태양 에너지의 힘을 약하게 만들기 때문이지요.

태양 나라 여섯째 왕자

　태양 나라 주변에는 많은 별들이 있어요. 수성, 금성, 지구, 화성, 목성, 토성, 천왕성, 해왕성, 여덟 개 별은 모두 태양 나라를 맴돌며 함께 지냈지요.

　태양 나라 왕자들은 이 별들에게 환한 빛과 뜨거운 열을 가져다주었어요. 첫째 왕자는 가장 먼 곳에 있는 해왕성을 맡고, 둘째 왕자는 두 번째로 먼 천왕성을 맡았어요. 다른 왕자들도 차례차례 별 하나씩을 맡았지요.

　어느 날, 첫째 왕자가 한숨을 폭 내쉬었어요.

　"해왕성은 아무래도 너무 먼 것 같아. 따뜻한 열을 도저히 가져갈

수가 없어."

둘째 왕자와 셋째 왕자도 같은 생각인지 고개를 끄덕였어요. 그러자 옆에 있던 넷째 왕자가 알통을 내 보이며 으스댔어요.

"내가 맡은 목성은 정말 뜨거워. 앞으로 열을 조금만 더 가져다주면 아마 태양 나라처럼 뜨거워질걸? 하하하!"

일곱째 왕자와 막내 왕자도 덩달아 거들먹거렸어요.

"내가 맡은 수성도 무지무지 뜨겁다고!"

"내가 맡은 금성은 별들 중에 가장 빛나! 흐흠!"

그러자 둘째 왕자가 핀잔을 주었어요.

"너희가 맡은 별은 태양 나라에서 가깝잖아. 그러니 뜨겁고 빛나는 건 당연하지!"

막내 왕자가 억울하다는 듯 소리쳤어요.

"하지만 여섯째 형이 맡은 지구는 조금도 뜨겁지 않다고!"

모두 여섯째 왕자를 쳐다보았어요. 여섯째 왕자는 당황한 목소리로 말했어요.

"지, 지구는 좀처럼 뜨거워지지 않아."

형들은 걱정스러운 듯 말했어요.

"여섯째가 너무 약한 거 아냐?"

그러자 여섯째 왕자는 자리를 박차고 일어났어요.

"흥, 내가 결코 약하지 않다는 것을 보여 주겠어. 두고 보라고!"

여섯째 왕자는 홧김에 큰소리를 치긴 했지만, 사실 자신이 없었어요. 지구까지 달려갈 때는 늘 힘이 넘쳤는데, 지구의 하늘만 지나면 이상하게도 힘이 쑥 빠졌거든요.

여섯째 왕자는 온 힘을 모아 지구로 달려갔어요. 이번에는 절대 힘을 빼앗기지 않을 거라 결심하면서 말이지요.

드디어 지구가 가까워지자 여섯째 왕자는 주먹을 불끈 쥐고 하늘로 달려들었어요. 하지만 하늘 여기저기에 부딪히면서 힘이 어디론가 튕겨져 나갔어요. 또 누군가 힘을 쑤욱 빼앗기도 했지요. 늘 그랬던 것처럼 말이에요.

'어떻게 하면 지구를 뜨겁게 달굴 수 있을까?'

지구 구석구석을 살펴보며 고민하던 여섯째 왕자는 뜨거운 사막을 발견하고 무릎을 탁 쳤어요.

'그래, 지구를 몽땅 사막으로 만들어 버리면 되겠구나.'

여섯째 왕자는 남은 힘을 모아 사막을 넓히기로 했어요.

"공기를 데우고, 물을 다 날려 버리고……."

여섯째 왕자는 부지런히 열을 가져와서 공기를 데웠어요.

"으흐흐, 뜨거워진다. 이제 나무들은 다 말라죽고, 사막이 되는 거야."

그런데 뜨거워진 공기가 하늘로 쑥 올라가 버리더니,

어디선가 차가운 바람이 불어와 빈자리를 차지하지 뭐예요!

"뭐야? 어디로 도망친 거야?"

하는 수 없이 여섯째 왕자는 다시 공기를 데우기 시작했어요. 행여 데운 공기가 도망갈 새라 망도 보았지요. 하지만 이번에도 뜨거워진 공기는 또다시 하늘 높이 도망가 버렸어요.

"이상하다. 도대체 어디로 가 버리는 거야?"

여섯째 왕자는 투덜거리며 다시 공기를 데우기 시작했어요. 형들에게 두고 보라고 큰소리쳤는데 그냥 돌아갈 순 없잖아요.

그런데 이번에는 비가 좍좍 내렸어요. 애써 데운 공기가 또다시 식어 버렸지요.

"이런, 구름을 다 없애야지 안 되겠군."

여섯째 왕자는 구름을 말려 없애고 구름 위에 뜨거운 열을 부지런히 갖다 부었어요. 하지만 어디에선가 끊임없이 구름이 만들어졌어요. 아무리 애를 써도 구름을 없앨 순 없었지요.

"애고애고, 나도 모르겠다. 지구는 진짜 이상한 별이라니까!"

여섯째 왕자가 두손들고 태양 나라로 돌아가자, 넷째 왕자가 거들먹거리며 나섰어요.

"푸하하! 그래서 포기하고 왔단 말이야? 내가 하지! 내가 나서면 지구는 금세 뜨거워질 테니 지켜보라고!"

넷째 왕자는 불끈거리는 근육을 자랑하며 지구로 달려갔어요.

"태양 왕자 나가신다, 길을 비켜라!"

넷째 왕자는 소리도 우렁차게 내지르며 지구로 달려들었어요. 하지만 하늘에 맞닥뜨린 넷째 왕자는 몹시 당황했어요.

하늘을 지나려 하자 무언가에 다다다닥 다닥 부딪히며 힘을 빼앗기고 말았거든요.

"아니, 이게 뭐지?"

넷째 왕자는 힘을 모아 다시 지구로 달려들었어요. 하지만 몇 번을 해 보아도 마찬가지였지요. 순간 넷째 왕자는 무서운 생각이 들었어요.

'지구 하늘에 태양의 힘을 먹어 치우는 괴물이 사나?'

넷째 왕자는 더 이상 지구에 있고 싶지 않았어요. 너무 무서웠거든요.

"으아아아아! 도망가자! 태양 왕자 살려!"

와글와글 정보 상자

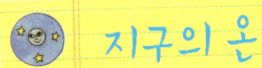
지구의 온도는 일정해요

생명체가 살기 좋도록 지구 온도가 일정하게 유지되는 이유는 무엇일까요?

그 이유는 강렬한 태양 에너지가 대기를 거치면서 약해지기 때문이에요. 특히 오존층은 자외선을 대부분 흡수하거나 걸러서 내보내요.

또다른 이유는 바람과 바다예요. 태양 에너지를 가장 많이 받는 적도 지방은 에너지가 남고, 극지방은 에너지가 모자라요. 하지만 바람에 의한 대기의 순환으로 적도 지방의 더운 공기는 하늘로 올라가고, 극지방의 차가운 공기가 그 자리를 채우며 내려오지요. 바다도 마찬가지예요. 더운물이 위쪽으로 움직이고 찬물이 아래쪽으로 움직이면서 서로 섞이지요. 이런 식으로 지구의 온도가 균형을 이루어요. 그런데 바람의 방향이나 바닷물의 흐름이 항상 같진 않아요. 지구가 서쪽에서 동쪽으로 자전하기 때문에 바람과 바닷물의 움직임은 좀 더 복잡해요.

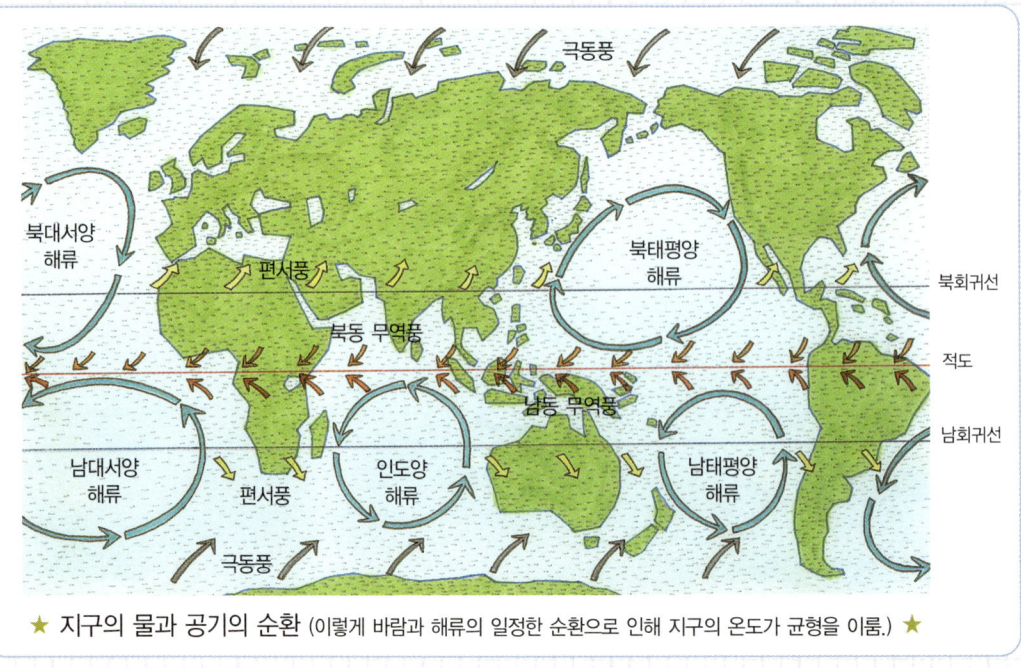
★ 지구의 물과 공기의 순환 (이렇게 바람과 해류의 일정한 순환으로 인해 지구의 온도가 균형을 이룸.) ★

지구 온난화

지난 140년 동안 지구 기온이 6℃ 정도 높아졌어요. 이렇게 지구가 따뜻해지는 현상을 '지구 온난화'라고 해요. 공장 굴뚝에서 뿜어 나오는 연기와 자동차에서 나오는 매연이 지구를 덥게 만들지요. 그래서 도시가 시골보다 더 더워요.

지구가 따뜻해지면서 극지방의 빙하가 녹고 있어요. 빙하가 녹는 만큼 바닷물도 점점 불어나고 있지요. 이대로 계속 바닷물이 불어난다면, 섬이나 바닷가 지역은 물에 잠기게 될 거예요. 사람이 살 수 있는 땅이 줄어드는 거지요. 또 빙하가 녹은 차가운 바닷물은 곳곳의 날씨와 기후까지 바꾸어 놓을 거예요. 그러면 많은 동물과 식물이 멸종하고, 결국 사람도 살기 어려워지겠지요. 정말 생각만으로도 끔찍한 일 아닌가요?

지구를 살리는 방법

점점 더워지는 지구를 살리는 방법에는 어떤 것이 있을까요?

가장 좋은 방법은 더 이상 숲을 파헤치지 말고 나무를 심는 것이지만, 생활 속에서 우리가 가볍게 실천할 수 있는 것들도 많아요. 자가용 대신 대중교통과 자전거를 이용하면 화석 연료 사용을 줄이고 탄소 배출량을 낮출 수 있어요.

더운 여름날 에어컨 대신 선풍기를 사용하는 습관을 들여 보세요. 일회용 물건을 사용하지 않고, 재활용을 철저히 하는 것도 중요해요.

조금만 부지런하면 지구가 더워지지 않도록 막을 수 있답니다.

계절: 지구가 태양 주위를 돌기 때문에 계절이 생기는 거예요.
우리나라는 봄, 여름, 가을, 겨울의 사계절이 뚜렷한 온대 기후에 속해요.

지구를 질투한 달

　옛날 한 옛날, 하늘님이 세상을 만든 이야기를 해 줄게요. 하늘님은 우주를 만들고, 태양을 만들고, 별을 만들었어요. 그러고는 지구도 만들었지요.

　하늘님은 크고 작은 별들이 태양을 중심으로 돌면서 서로 비춰 주도록 했어요. 많은 별 중에 특히 지구를 사랑한 하늘님은 지구를 아주 특별한 별로 만들기로 했어요. 지구에 생명이 살도록 하려는 거예요.

　어느 날 하늘님이 명령했어요.

　"지구에 있는 물은 한곳에 모여 바다가 되어라. 땅은 드러나라."

순식간에 지구에 바다와 땅이 생겼어요. 하늘님은 바다와 땅을 보시며 흐뭇해했어요.

하늘님은 이번에는 태양에게 명령했어요.

"태양아, 지구를 비추어라. 낮과 밤을 만들어라."

그때부터 지구는 낮과 밤을 번갈아 맞게 되었어요. 지구가 태양을 한 바퀴 도는 데는 꼬박 1년이 걸리기 때문에 1년에 한 번의 낮과 한 번의 밤이 생긴 거지요.

하늘님은 식물을 만들기 시작했어요. 땅 여기저기 푸른 싹이 비죽비죽 돋아났어요. 싹은 순식간에 자라 숲을 이루고, 또 온갖 식물에서 떨어져 나온 씨앗이 바람을 타고 날아 또다른 땅에 숲을 만들어 냈어요.

하늘님은 지구를 가만히 바라보며 중얼거렸어요.

"동물들이 살기엔 낮과 밤이 너무 길군. 살기 힘들겠어."

하늘님은 지구를 팽이 돌리듯이 살짝 돌려 주었어요. 그러자 지구가 스스로 돌기 시작했어요.

한 바퀴 돌 때마다 태양을 바라보는 부분은 낮이 되고 그 반대 부분은 밤이 되었지요. 그래서 지구가 스스로 한 바퀴 도는 시간을 '하루'라고 했어요. 1년에 한 번 뜨고 지던 해가, 1년에 365번 뜨고 지게 되었지요.

하늘님은 방긋 웃으며 또다시 명령했어요.

"바다야, 땅아, 살아 움직이는 것을 내어라."

그러자 고래, 상어, 물개, 참치, 고등어, 새우, 조개, 따개비 같은 갖가지 살아 움직이는 것들이 생겨났어요. 코끼리, 호랑이, 공룡, 악어, 펭귄, 독수리, 기러기, 두더지, 고양이, 개, 지렁이 그리고 사람도 태어났지요. 생명들은 살기 좋은 곳에 한데 모여 화목하게 살았어요.

이제 지구는 태양계에서 가장 아름답고 특별한 별이 되었어요. 낮이 되면 생명들은 기쁨에 겨워 뛰놀고, 밤이 되면 잠을 자며 편안히 쉬었지요.

어디든 밤과 낮의 길이가 똑같았어요. 그리고 같은 지역이면 날씨도 큰 변화 없이 비슷했지요. 참으로 평화로운 하루하루가 이어졌어요.

그런데 지구를 탐탁지 않게 쏘아보는 별이 있었어요. 지구와 가장 가까이에 있는 달이지요. 달은 모든 것이 불만투성이였어요.

"하늘님은 너무 불공평해. 왜 지구만 사랑하는 거야? 쳇!"

달은 지구를 아예 쳐다보기도 싫었어요. 자신은 볼품없이 만들어 주고, 지구만 예쁘게 만들어 준 것 같아 마냥 속상했지요. 군소리 없이 밤하늘을 비추는 다른 별들도 이해할 수 없었어요.

"다른 별들도 다 바보야. 왜 하늘님한테 따지지 않는 거야?"

그렇다고 달한테 뾰족한 수가 있는 것도 아니었어요. 그저 투덜투덜할 뿐이었지요.

그러던 어느 날이었어요. 달이 사고를 치고 말았어요. 하늘님 몰래 지구를 쿵 쥐어박은 거예요. 지구는 난리가 났어요. 하늘과 땅이 휘청거리고, 바다가 출렁이고, 순식간에 불길에 휩싸였지요.

또 하늘에 있던 물이 쏟아지는 바람에 땅에 살던 사람과 동물, 식물들이 모두 죽고 말았어요.

하늘님은 몹시 화가 났어요. 하지만 달을 혼내는 일보다 지구를 다시 만드는 일이 더 급했어요.

어두컴컴해져 버린 지구의 하늘을 맑게 걷어 내고, 처음 지구를 만들 때처럼 정성스레 생명들을 가꾸었어요. 지구는 곧 예전의 푸르름을 되찾았어요.

그런데 지구를 좀 보세요. 달에게 얻어맞은 뒤로 비스듬히 기울고 말았어요. 그 바람에 태양 빛도 비스듬히 받게 되었고, 낮과 밤의 길이도 서로 줄다리기하듯 길어졌다 짧아졌다 하게 되었어요.

낮의 길이가 길 때는 날씨가 더워지고, 밤의 길이가 길 때는 날씨도 추워졌지요. 계절이 생긴 거예요.

하늘님은 지구를 바라보다가 싱긋 웃었어요.

"계절이 생기니 생명들이 살기에 더욱 좋군."

급한 일을 끝낸 하늘님은 달을 돌아보며 말했어요.

"내가 만든 지구를 네가 또 망가뜨릴지 모르니 너를 없애야겠다."

화들짝 놀란 달이 싹싹 빌었어요.

"아이고, 하늘님. 한 번만 용서해 주세요. 어떤 벌이든 달게 받겠으니, 이번 한 번만……."

하느님은 잠시 고민하다 말했어요.

"음, 네가 진심으로 뉘우치는 것 같으니, 이번은 용서하겠다. 하지만 너는 평생 지구를 돌며 지구의 밤을 밝게 비추어라."

그때부터 달은 태양 주위를 도는 대신 지구 주위를 돌게 되었답니다.

 와글와글 **정보 상자**

계절은 왜 바뀔까요?

지구는 하루에 한 바퀴씩 스스로 돌아요. 이것을 '자전'이라고 해요. 자전하면서 우리가 사는 곳에 태양이 비추면 낮이 되고, 태양이 보이지 않으면 밤이 되는 거지요. 지구는 태양 주위도 함께 돌아요. 지구가 태양을 도는 것을 '공전'이라고 해요. 지구가 태양을 한 바퀴 도는 데에는 1년이 걸려요.

만약 지구가 반듯하게 태양을 돈다면 북극부터 남극까지 햇빛이 한결같이 비칠 거예요. 그러면 어디든 밤과 낮의 길이는 똑같고, 계절이 생기지도 않아요. 그런데 지구의 자전축은 23.5도 정도 기울어져 있어서, 지구가 태양 빛을 받는 곳도 한결같지 않고 비스듬해요. 그래서 낮과 밤의 길이도 길어졌다 짧아졌다 하는 거예요.

낮이 길어진 때는 햇빛 받는 시간이 길어지니까 당연히 날씨도 더워져요. 이땐 여름이지요. 반대로 밤이 길어진 때는 햇빛 받는 시간이 짧으니 날씨도 추워져요. 이때는 겨울이에요. 이렇게 해서 생긴 것이 '계절'이랍니다.

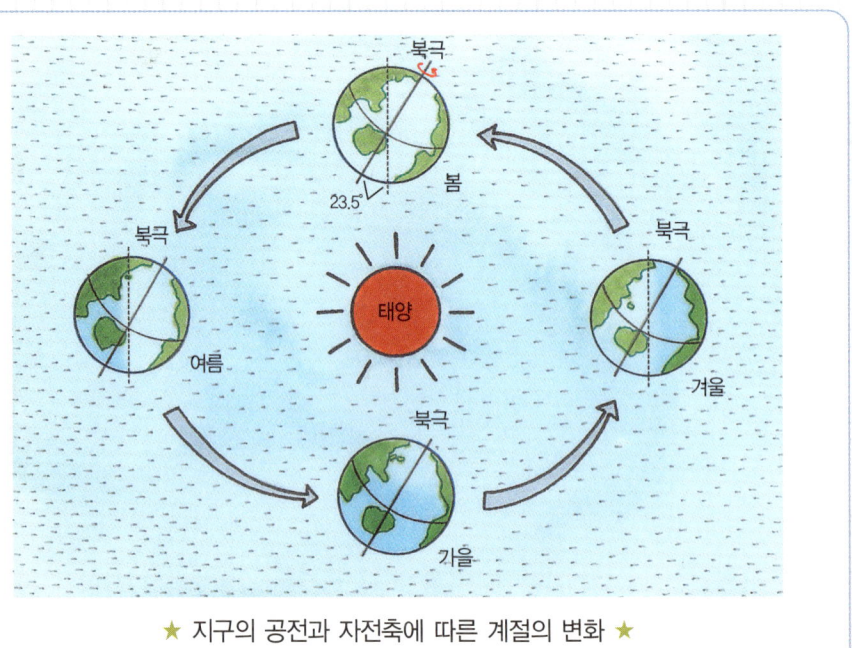

★ 지구의 공전과 자전축에 따른 계절의 변화 ★

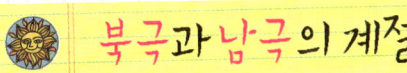 북극과 남극의 계절

　자전축이 기울어지지 않았다면 북극과 남극은 항상 겨울일 거예요. 다행히 자전축이 기울어진 덕분에 북극과 남극에도 계절이 생겼어요. 물론 우리나라처럼 사계절이 있는 것은 아니에요. 여름과 겨울, 두 계절이 있지요.
　남극과 북극의 계절은 서로 정반대예요. 남극이 여름일 때 북극은 겨울이 돼요. 극지방의 여름은 기온이 0℃ 안팎이기 때문에 여름이라는 말이 어색하지만 영하 40℃까지 내려가는 겨울을 생각하면 0℃가 여름인 것이 분명하지요.
　재미있는 것은 북극과 남극에는 '백야'와 '흑야'가 있다는 거예요. 북극이 태양 쪽으로 많이 기울어진 여름에는 거의 하루 종일 해가 지지 않고 낮이 계속되는 백야 현상이 일어나요. 반면 이때 남극 지방은 하루 종일 해를 볼 수 없게 되는 흑야 현상이 일어나지요. 남극과 북극에서는 계절이 바뀔 때마다 백야와 흑야 현상이 번갈아 나타난답니다.

적도 지역에도 계절이 있어요

　일 년 내내 더운 적도 부근에도 두 계절이 있어요. 그런데 적도의 두 계절은 여름과 겨울이 아니라, '우기'와 '건기'랍니다.
　적도의 북쪽은 6월 무렵 아주 무더우며 엄청난 폭우가 쏟아져요. 이때를 우기라고 하지요. 그리고 12월쯤 되면 우기가 적도 남쪽으로 옮겨 가고 건조해져요. 이때를 건기라고 해요. 물론 적도의 남쪽에 찾아오는 우기와 건기 시기는 북쪽과 정반대예요.
　우기 때는 일주일 내내 엄청난 양의 비가 오거나 무시무시한 태풍이 오기도 해요. 가옥이 완전히 침수될 정도로 말이에요.

구름: 물방울이나 얼음 알갱이가 모여서 하늘에 떠 있는 게 구름이에요.
구름은 모양과 높이에 따라 적란운, 권층운 등 열 종류로 나뉘어요.

구름 도깨비 이야기

구름 도깨비 쌘은 오늘도 쉬지 않고 두리번거렸어요.

"구름을 더 두껍게 만들어야 하는데……. 물방울들이 어디 있지?"

쌘이 만들어 낸 구름은 마치 꽃양배추 같았어요. 물방울이 보이는 대로 욕심껏 뭉쳐 위로 말아 올렸거든요.

그런데도 쌘은 자기 구름을 더 높이 쌓아 올리고 싶어 안달이에요.

"자리를 한번 옮겨 볼까?"

쌘은 팔을 쭈욱 늘여 구름을 톡톡 치면서 한쪽으로 밀어 보려 했어요. 하지만 이미 뚱뚱해질 대로 뚱뚱해진 구름은 꿈쩍도 하지 않았지요.

쌘은 다시 힘을 내서 끄응 밀어 보았어요. 하지만 구름은 떡 버티고 섰어요.

그때 저만치 위쪽에서 구름 도깨비 높쌘의 소리가 들렸어요.

"킥킥킥, 네 구름은 꼭 미련한 거인처럼 생겼다."

쌘은 잔뜩 심통이 나 높쌘에게 쏘아붙였어요.

"치, 그러는 네 구름은 더러운 양털 뭉치 같다."

"뭐야? 이 양배추 같은 게!"

"그럼 넌 양치기냐?"

쌘과 높쌘이 한참 악다구니하는데, 갑자기 쌔앵 소리가 나더니 둘 사이를 가로질러 구름 하나가 생겼어요. 이제 막 태어난 구름은 하늘 한가운데에 길게 늘어져 있었지요.

쌘과 높쌘은 합창하듯 물었어요.

"넌 뭐냐?"

긴 구름 끄트머리에서 도깨비가 얼굴을 빼꼼 내밀며 대꾸했어요.

"너희는 비행기구름을 처음 보니?"

쌘과 높쌘은 동시에 웃음을 터뜨렸어요.

"네가 구름이라고? 우하하하, 웃긴다!"

"풀어진 털실같이 생긴 게 구름이래. 낄낄낄."

비행기구름 도깨비는 곧 얼굴을 감추었지요.

높은 곳에서 털층구름 도깨비가 끼어들었어요.

"친구를 놀리는 건 나빠!"

그러자 쌘이 기분 나쁘다는 듯 말했어요.

"어째서 내가 비행기구름 도깨비와 친구냐? 내가 거인이라면, 저 녀석은 거인 머리카락밖에 안 되는데! 안 그래, 높쌘?"

"맞아, 맞아. 내가 양 떼라면 저 녀석은 양털 한 가닥이지, 킥킥."

쌘과 높쌘은 언제 싸웠냐는 듯 같은 편이 되었어요. 쌘과 높쌘이 아무리 놀려도 비행기구름 도깨비는 잠자코 있었지요.

그때 털구름 도깨비가 쓰윽 지나가며 말했어요.

"몸집 크다고 너무 으스대지 마라. 그러다 큰코다친다."

쌘과 높쌘은 그저 코웃음 칠 뿐이었지요.

쌘과 높쌘은 비행기구름 도깨비를 놀리는 일도 곧 시들해졌어요. 비행기구름 도깨비가 도통 대꾸가 없으니, 놀리는 것도 영 재미가 없었지요.

쌘은 다시 물방울을 찾으려 두리번거리기 시작했어요.

그때 땅 가까이에서 뜨거운 바람이 후끈 올라왔어요.

"좋았어! 큰 물방울 덩이가 몰려오는군."

높쌘이 입맛을 다시며 집적댔어요.

"야, 나도 좀 나눠 줘라. 나도 더 커지고 싶은데…….."

"넘보지 마시오!"

쌘은 아래쪽에서 막 생긴 구름을 잡아당겨서 자기 구름으로 만들었어요. 그만큼 쌘구름은 또 훌쩍 컸지요. 쌘은 헤벌쭉 웃음을 흘렸어요.

그런데 쌘구름이 좀 이상해졌어요. 배탈 난 사람처럼 꾸르륵거리는 것 같기도 하고, 감기 걸린 사람처럼 쿨럭거리는 것 같기도 했지요. 색깔도 더 까매져서 아예 땅 아래가 내려다보이지도 않았어요.

털구름 도깨비가 또 쓰윽 지나가며 한 소리 했어요.

"쌘구름이 쌘비구름이 되었구나. 곧 비가 되겠어…….."

"어?"

쌘이 뭐라 말하기도 전에, 갑자기 구름이 쪼그라들기 시작했어요.

쏴아 쏴아악 쏵 쏴아악!

털구름 도깨비 말대로 쌘의 구름은 큰비가 되어 땅으로 떨어졌어요. 몇 날 며칠 동안 애써서 몸집을 키웠던 쌘구름이 순식간에 사라지고 있었어요.

쌘은 구름 여기저기를 움켜쥐었어요. 땅으로 떨어지는 비를 막고 싶었거든요. 하지만 무거워질 대로 무거워진 빗방울들은 뒤도 안 돌아보고 땅으로 억수같이 달음질쳤어요. 쌘은 구름이 작아지는 것을 그저 멍하니 바라봐야만 했지요.

금세 쌘의 구름은 조각구름이 되고 말았어요. 쌘의 조각구름은 너무 가벼워서 바람에 이리저리 떠밀려 다녔지요. 그러다가 비행기구름 끝에 걸렸어요.

쌘을 빤히 내려다보며 비행기구름 도깨비가 말했어요.

"너는 아까 거인이라던…… 그 구름 도깨비냐?"

"으응……."

쌘은 고개를 푹 숙이고 말꼬리를 흐렸어요.

비행기구름 도깨비는 나지막이 휘파람을 불며 중얼거렸어요.

"거인이었는데, 이젠 머리카락에 매달린 먼지가 되었군그래."

와글와글 정보 상자

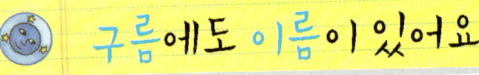

하늘 위에 떠 있는 구름은 날마다 모양이 변해요. 하얗고 몽글몽글 양 떼 같기도 하다가 깃털 모양으로 바뀌기도 하고, 검은 먹구름이 되어 하늘을 덮기도 하지요. 구름 모양을 보고 가랑비가 내릴지, 소나기가 내릴지, 천둥 번개가 칠지 알 수 있어요. 계절과 지역에 따라 나타나는 구름의 종류도 달라요.

그래서 세계 기상 기구(WMO)의 학자들은 모양이나 성질이 비슷한 구름끼리 묶어서 이름을 붙여 주었어요. 모양에 따라 깃털 모양의 털구름, 뭉게뭉게 양털처럼 뭉친 쌘구름, 넓게 퍼지면서 층을 이루는 층구름의 세 가지로 나누고, 높이에 따라 이름을 덧붙여 다음과 같이 열 종류로 나누었어요.

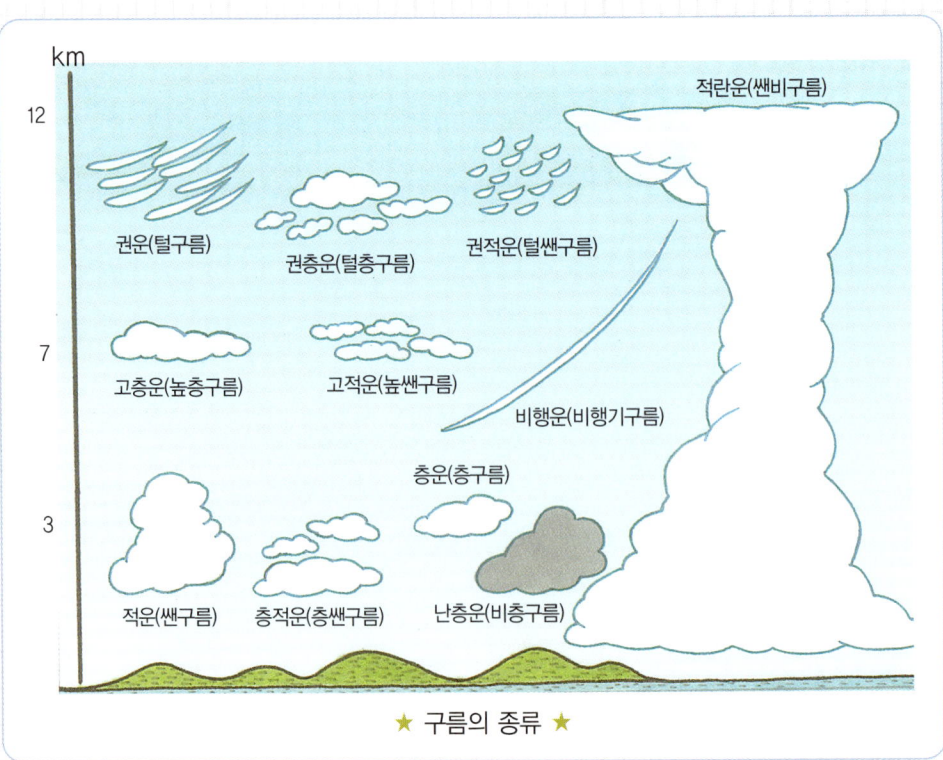

★ 구름의 종류 ★

구름은 어떻게 생기나요?

물을 주전자에 넣고 끓이면 하얀 김이 피어올라요. 바로 수증기지요. 수증기는 공기보다 가볍기 때문에 하늘로 계속 올라가요. 자꾸 올라가다 보면 공기가 부푸는데, 이것은 기압이 낮아지기 때문이에요. 부피가 늘어나면서 온도는 내려가요. 온도가 자꾸 낮아지면서 수증기는 작은 물방울이 되는데, 이렇게 엉긴 작은 물방울이나 얼음 알갱이가 모여서 구름이 되지요.

수증기만으로는 구름이나 비를 만들 수 없어요. 아무리 수증기가 많아도 물기를 머금을 먼지가 없으면 아무 소용없지요. 먼지가 수증기를 모아 주어야 구름이 만들어지거든요. 이때 수증기를 모아 주는 먼지를 '응결핵'이라고 해요. 먼지 대신 얼음 조각이나 소금 가루가 응결핵 역할을 하기도 한답니다.

구름은 뜨거운 햇볕을 받아 땅이 뜨거워질 때, 또는 찬 공기와 따뜻한 공기가 마주칠 때, 공기가 산비탈을 타고 올라갈 때, 그리고 저기압에서 공기가 위로 올라갈 때 많이 생기지요.

❶ 더운 공기의 영향으로 물이 증발하여 수증기가 된다.

❷ 수증기를 포함한 공기가 위로 올라가면, 기온이 낮아져 작은 물방울로 뭉친다.

❸ 작은 물방울들이 합쳐져 구름이 된다.

★ 구름이 만들어지는 과정 ★

비: 대기 중의 수증기가 지름 0.2mm 이상의 물방울이 되어 떨어지는 현상이에요.
보통 물방울이 10만 개 정도 모여야 1개의 빗방울이 되지요.

우산 가족의 나들이

"내 우산 어디 있지?"

신발장 속에서 꼬박꼬박 졸던 우산들이 후다닥 일어났어요. 비가 오나 봐요. 드디어 우산들이 나들이하는 날이에요. 특히 태어난 지 얼마 안 된 빨간 우산은 가슴이 콩닥콩닥 뛰었지요.

가장 먼저 아빠의 까만색 우산과 빨간 우산이 들려 나갔어요.

투다닥 투닥투닥 투다다닥.

굵은 빗방울이 요란한 소리를 내며 우산을 때렸어요. 빨간 우산은 자기도 모르게 소리쳤어요.

"아야야!"

좀 높은 곳에서 나란히 가던 까만 우산이 웃었어요.

"허허허, 장대비는 좀 아프지. 그래도 곧 익숙해질 거야."

허허 웃는 걸 보니 까만 우산은 아무렇지 않은가 봐요.

하늘에 구멍이라도 난 듯 빗줄기가 쏟아졌어요. 빨간 우산은 쉴 새 없이 때리는 빗줄기의 매운 맛과 쏴아 쏴아악 요란한 소리에 정신없었지요.

얼마쯤 있다가 학교 앞에서 까만 우산이 빨간 우산에게 작별 인사를 했어요.

"허허허, 나중에 보자."

하지만 빨간 우산은 인사도 들리지 않았지요. 그저 빗소리만 귀에서 윙윙거릴 뿐이었지요.

어느새 교실에 들어섰어요. 빨간 우산은 곱게 접혀 우산 보관함에 꽂혔어요. 그제야 빨간 우산은 정신이 들었지요.

"후유, 비 오는 날 나들이하는 게 쉽진 않구나."

그러자 옆에 있던 노란 우산이 웃으며 말했어요.

"킥킥, 너 웃긴다! 우산이 비 오는 날 나들이하지, 햇볕 쨍쨍한 날 나들이하냐? 처음 하는 나들이인가 보지?"

여기저기에서 키들키들 웃는 소리가 들렸어요. 빨간 우산은 슬쩍 고개를 돌렸어요. 불현듯 가족들이 보고 싶었지요.

한나절이 지나자 빨간 우산은 집으로 가게 되었어요. 비가 그쳐서 아이와 나란히 땅을 콩콩 찧으며 걸어갔지요. 집에 온 빨간 우산은 베란다에서 몸을 펼쳐 말릴 수 있었어요. 흘러내리는 빗방울에 몸이 근질근질했지요. 그런데 무지개 우산은 저만치 거실에 펼쳐져 있었어요. 이 집 막내 우산이었지요. 빨간 우산이 넌지시 물었어요.

"무지개야, 넌 왜 거실에서 몸을 말리니?"

그러자 무지개 우산이 새치름히 말했어요.

"난 비 구경도 못 했어."

"아니, 왜?"

빨간 우산은 깜짝 놀랐어요. 막내가 우산도 없이 엄청나게 많은 비를 다 맞으며 유치원에 갔다고 생각하니 놀랄 수밖에요.

"내가 막내를 따라 나갔을 땐, 비가 안 오더라고!"

"그럴 리 없어. 비가 얼마나 많이 왔는데."

"내가 너보다 늦게 나갔잖아. 그새 그친 거지, 뭐."

"억수 같은 비가 그렇게 금방 그쳤다고?"

빨간 우산은 고개를 갸웃했어요. 도통 이해할 수 없었지요.

까만 우산은 저녁때가 되어서야 집에 들어왔어요.

"허허허, 빨간 우산은 오늘 나들이가 어땠니?"

"어휴, 정신이 하나도 없었어요……."

빨간 우산은 재잘재잘 말하기 시작했어요. 학교에서 있었던 얘기까지 다 했지요. 그러다 문득 생각난 듯 말했어요.

"그런데 무지개 우산은 비 구경도 못했대요."

"허허허, 아침에 내린 비가 소나기였구나."

"소나기요?"

"지나가는 비구름이 뿌리는 비지. 너도 하마터면 비 구경도 못 할 뻔했다."

빨간 우산은 고개를 끄덕끄덕했어요.

"그런데 까만 우산 아저씨는 오늘 왠지 피곤해 보여요."

"허, 몹시 피곤하구나. 내내 비 맞으며 왔다 갔다 했거든."

"어? 여기는 비가 곧 그쳤는데……. 까만 우산 아저씨가 갔던 곳은 비가 계속 왔어요?"

"허허, 그래. 여기처럼 장대비가 오진 않았지만, 진종일 비가 오던걸."

"똑같은 하늘인데도 어디는 비가 오고 어디는 비가 안 오고 그래요?"

"허허허, 그렇지. 똑같은 하늘이라도 비구름이 서로 다르면 그렇게 되지. 비는 구름이 뿌리는 거니까."

빨간 우산은 그저 신기하기만 했어요. 모두 다 처음 듣는 얘기였거든요.

한참 만에 우산 가족들이 다시 신발장 속에 모였어요. 모두 자기 얘기를 하느라 소란스러웠지요. 무지개 우산만 입을 꼭 다물고 있었어요.

엄마의 줄무늬 우산이 까만 우산을 흘끔 보고 한 소리 했어요.

"까만 우산은 또 몸이 얼룩덜룩해졌네요. 공장 근처라도 다녀왔어요?"

그제야 빨간 우산은 까만 우산 몸이 더러워졌다는 것을 눈치 챘지요.

하지만 까만 우산은 대수롭지 않은 듯 가볍게 넘겨 말했어요.

"허허허, 도시 한복판을 돌아다니다 보면 그럴 수밖에 없지. 도시 하늘에는 더러운 먼지들이 유독 많잖아. 허허."

줄무늬 우산은 혀를 끌끌 차며 말했어요.

"고생스러웠을 텐데, 허허허 웃음이 나와요?"

"허허허, 그래도 감기에 걸리지 않으니 얼마나 좋소?"

빨간 우산은 속으로 까만 우산을 따라 웃어 보았어요.

'허허허……. 나도 요란한 빗소리에 익숙해지면 웃음이 나오려나?'

와글와글 정보 상자

비는 어떻게 내리나요?

구름은 한곳에 가만히 있지 않고, 공기의 움직임을 따라 움직여요. 구름 모양이 늘 변하는 것도 이 때문이지요.

구름은 아주 작은 물방울이나 얼음 알갱이들로 이루어져 있어요. 이들 물방울이나 얼음 알갱이는 이리저리 움직이다가 서로 부딪혀 합쳐지지요. 물방울이 점점 크고 무거워져 더 이상 구름 속에 있을 수 없게 되면, 마침내 땅으로 떨어져요. 이것이 바로 비예요.

비의 종류에 따라 다르겠지만, 보통 물방울이 10만 개 정도 모여야 비로소 하나의 빗방울이 된다고 해요. 여름에 내리는 굵은 소나기 빗방울은 아마도 물방울이 100만 개 정도 모이지 않았을까요?

강우량은 어떻게 재나요?

일정 기간 동안 비가 내린 양을 '강우량'이라고 해요. 사람들은 강우량을 통해 하루에 어느 정도 비가 내렸는지 알 수 있지요.

강우량은 보통 우량계 속에 고인 물의 깊이를 재어 측정해요. 우량계는 높이 50센티미터 정도 되는 둥근 통으로 만들어졌는데, 빗물이 땅에서 튀어 들어가지 않도록 높은 곳에 설치해요.

★ 우량계 ★

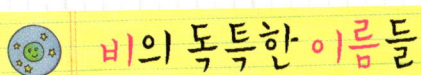 비의 독특한 이름들

구름의 종류에 따라 비의 종류도 달라져요. 낮은 곳에 있는 구름은 물방울로 이루어져 있어요. 이러한 구름에서 내리는 비는 보통 가랑비나 이슬비가 되지요. 한편 높은 곳에 있는 구름은 물방울과 얼음 알갱이가 섞여 있어요. 그렇기 때문에 높은 구름에서 내리는 비는 때때로 눈이나 진눈깨비가 되기도 해요.

사람들은 비의 모양이나 상태에 따라 이름을 붙였어요.

안개비	안개처럼 아주 작은 물방울로 이루어진 비.
이슬비	오는 듯 마는 듯 가늘게 내리는 비. 가까운 곳이라면 우산 없이 갈 수도 있다.
가랑비	가늘게 내리는 비예요. 땅은 젖지만 물이 고이진 않는다.
보슬비	바람 없이 조용히 내리는 가랑비.
장대비	굵은 빗방울이 세차게 쏟아진다. 물을 퍼붓듯이 내리는 억수비와 같다.
채찍비	채찍처럼 세차게 떨어지는 굵은 비.
뇌우	천둥 번개와 함께 내리는 비.
소나기	일시적으로 내리는 비. 빗방울이 유난히 굵다.
먼지잼	겨우 먼지만 날리지 않을 정도로 살짝 내리는 비.
여우비	맑은 하늘에 잠깐 뿌리는 비.

★ 비의 종류와 이름 ★

> 눈: 구름에서 내리는 얼음 알갱이로, 보통 2㎜ 정도의 크기예요.
> 눈송이의 모양은 똑같은 것 하나 없이 모두 제각각이에요.

눈 요정은 새침데기

"오늘은 오랜만에 눈 쌓인 세상을 만들어 볼까?"

눈 요정이 하늘을 분주히 날아다니며 구름을 흔들면 눈송이가 송송송 떨어져 내렸지요.

눈 요정은 커다란 눈송이를 만들려고 밤새 바지런히 수증기를 모아 눈송이에 갖다 붙였어요.

"호호호, 얼마나 아름다운 눈송이들이야? 부드럽고, 섬세하고, 눈부시게 하얗고……. 거기에다 모양새는 또 얼마나 예쁜지."

온 세상이 금세 하얗게 뒤덮였어요. 깜깜한 밤인데도 눈이 반사되어 제법 밝았지요.

눈 요정은 조각구름 위에 누워 세상을 내려다보았어요. 눈 쌓인 세상이 마음에 꼭 들었어요.

"어쩜, 정말 아름다운 눈 세상이야."

눈 요정은 그대로 잠이 들었어요. 쉴 새 없이 날아다니느라 몹시 피곤했거든요.

"이얍! 내 눈 폭탄을 받아라!"

"어림없는 소리! 내가 만든 눈 방패를 우습게 보지 말라고!"

눈 요정은 시끄러운 소리에 그만 잠을 깨고 말았어요.

아래를 내려다보니 아이들이 무리지어 눈싸움을 하고 있었어요. 저만치에는 또다른 아이들이 눈사람을 만들며 뛰어다녔지요. 아이들의 웃음소리가 하늘까지 올라와 조각구름을 마구 들쑤셨어요.

"아이, 시끄러워!"

눈 요정은 화가 났어요. 밤새 만들어 놓은 아름다운 눈을 아이들이 엉망으로 만들었으니까요.

"함박눈을 더 많이 내려야겠어. 눈이 많이 오면 아이들도 집에 돌아갈 거야."

눈 요정은 냉큼 구름 속으로 들어갔어요. 열심히 수증기를 갖다 붙여 커다란 눈꽃송이를 만들었지요. 다시 눈이 펑펑 내리기 시작했어요.

"크크, 이제 좀 조용해지겠지?"

그런데 이게 웬일이죠? 아이들은 더 신이 나서 폴짝폴짝 뛰었어요.

"와, 눈이 또 내린다!"

아이들 소리는 함박눈에 살짝살짝 덮였지만, 그렇다고 잠잠해지진 않았어요. 아이들은 물 만난 물고기처럼 이리저리 헤집고 다녔지요. 눈 요정은 바짝 약이 올랐어요.

그때 바람 요정이 슬쩍 지나가며 말했어요.

"아이들을 집에 돌아가게 하려고? 내가 도와줄까?"

"네가 어떻게 도와준단 말이야?"

"내가 찬바람을 몰고 오면 아이들은 금방 도망갈걸?"

눈 요정은 허풍쟁이 바람 요정이 영 미덥지 않았지만 속는 셈치고 맡겨 보기로 했어요.

"그럼 어디 한번 해 봐!"

바람 요정은 곧장 북쪽을 향해 휘파람을 불었어요.

그러자 얼마 안 있어 휘이잉 바람이 불어왔어요. 오싹오싹 추운 칼바람이었지요.

순식간에 칼바람 속에 눈송이가 휘말려 들어갔어요. 그러자 함박눈은 가루눈이 되어 흩날렸지요.

눈 요정은 발을 동동 구르며 소리쳤어요.

"이게 뭐야? 내 아름다운 눈꽃송이들이 다 가루가 되어 버렸잖아. 이 허풍쟁이 같으니라고! 네가 다 망쳤어! 저리 가 버려!"

"내가 뭘 망쳤다고 그래? 저 아래 좀 보라고!"

그제야 눈 요정은 아이들이 종종 걸음으로 하나 둘 사라지는 것을 보았어요.

아이들은 몹시 추운 듯 옷깃을 꼭 여미고 집으로 돌아갔지요.

바람 요정이 어깨를 으쓱하며 말했어요.

"내 솜씨 어때?"

눈 요정은 할 말이 없었어요. 바람 요정 말대로 분명 아이들이 집으로 돌아가고 있었거든요.

"그, 그래. 잘했다. 하지만 내 눈꽃송이들이……."

"그럼 난 간다. 언제든 도움이 필요하면 불러!"

바람 요정은 눈 요정의 말을 들을 생각도 않고 휑 사라졌어요.

혼자 남은 눈 요정은 조각구름에 오도카니 앉아 세상을 내려다보았어요. 가루눈을 뒤섞는 칼바람 소리가 구름을 흔들어 댔어요.

오래지 않아 세상은 다시 하얘지고 고즈넉해졌어요. 가끔 지나가는 사람 한둘만 있을 뿐, 더 이상 떠드는 아이도, 뛰어다니는 아이도 보이지 않았지요.

"조용해져서 좋긴 한데……."

눈 요정은 조용한 세상을 한참 동안 내려다보았어요. 가루눈이 사람들의 발자국을 다 덮어 버렸지만, 아이들이 놀고 난 흔적까지 지우진 못했어요.

눈 요정은 자기도 모르게 한숨을 포옥 쉬었어요.

"내 눈꽃송이들이 예뻐서 아이들이 좋아했던 건가?"

눈 요정은 가만히 눈꽃송이들을 흩뿌려 주었어요. 내일 아침 아이들이 다시 신 나게 뛰어놀기를 바라면서 말이지요.

와글와글 정보 상자

눈은 어떻게 해서 내릴까요?

구름 속에는 아주 작은 물방울이나 얼음 알갱이들이 모여 있어요. 특히 높이 떠 있는 구름에는 얼음 알갱이들이 많지요. 얼음 알갱이에 수증기가 계속 달라붙으면 무거워져서 땅으로 떨어져요. 얼음 알갱이들이 떨어지는 동안 수증기나 물방울들이 자꾸 붙어서 점점 커지지요. 이때 날씨가 추우면 눈이 되고, 따뜻하면 비가 되는 거예요.

눈은 추운 지방에만 내리는 건 아니에요. 열대 지방에도 눈구름이 있지요. 아프리카에 있는 킬리만자로산 꼭대기에 항상 눈이 쌓여 있는 것을 보면 열대 지방에서도 눈이 만들어진다는 것을 알 수 있어요. 다만 눈이 내리더라도 금세 녹아 버리는 것뿐이지요.

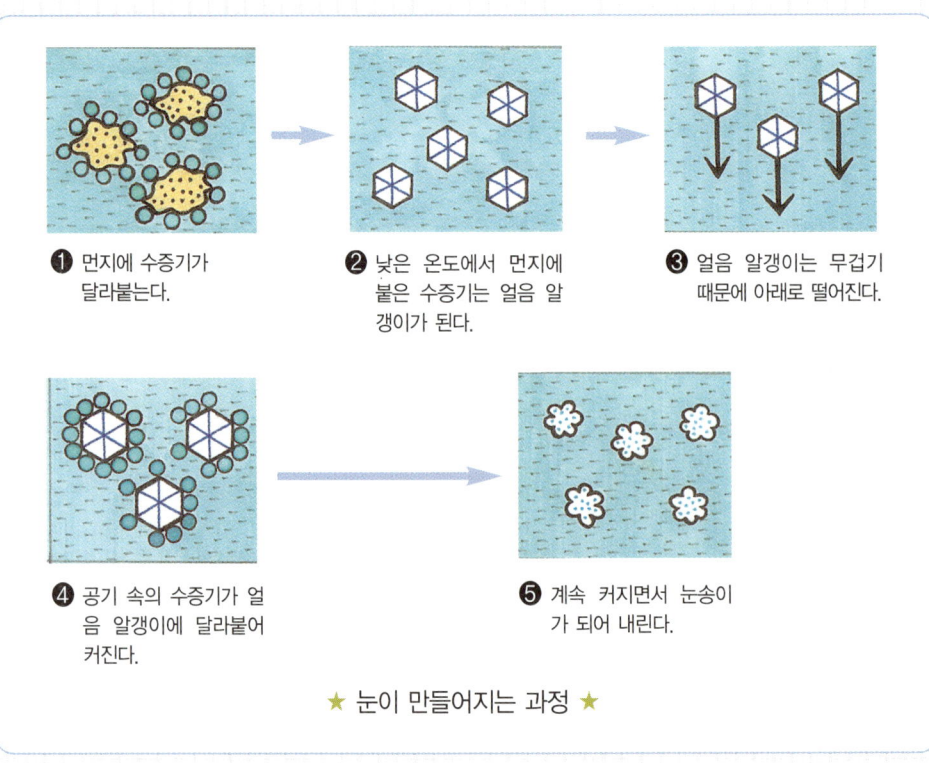

❶ 먼지에 수증기가 달라붙는다.
❷ 낮은 온도에서 먼지에 붙은 수증기는 얼음 알갱이가 된다.
❸ 얼음 알갱이는 무겁기 때문에 아래로 떨어진다.
❹ 공기 속의 수증기가 얼음 알갱이에 달라붙어 커진다.
❺ 계속 커지면서 눈송이가 되어 내린다.

★ 눈이 만들어지는 과정 ★

눈송이는 다 달라요

눈의 모양은 판 모양, 각기둥 모양, 바늘 모양 등 여러 가지가 있지만 대체로 육각형이에요. 공기 중의 물방울이 얼 때 나타나는 구조가 육각형이기 때문이지요. 여기에 다른 물방울들이 달라붙으면서 여러 가지 아름다운 모양이 만들어져요.

눈송이는 기온이 낮고 습기가 적으면 모양이 단순하고 작아요. 반대로 기온이 높고 습기가 많으면 얼음 알갱이 모서리에 수증기가 잘 달라붙기 때문에 눈송이가 크지요.

또한 눈송이는 아주 미세하여 땅에 떨어지는 동안 모양이 깨지거나 다른 눈송이와 합쳐져요. 그래서 이 세상에 내리는 눈송이들 중에서 똑같이 생긴 것은 하나도 없답니다.

눈이 하는 일

눈은 대기를 깨끗하게 해 줘요. 공중에 떠 있는 먼지와 티끌을 쓸어내리지요. 또 눈은 건조한 겨울을 적셔 주고, 겨울 동안 땅속에서 지내는 식물을 이불처럼 덮어 주어요. 눈이 덮여 있으면 바람도 얼음도 추위도 식물을 해치지 못해요. 그뿐 아니에요. 벌레, 쥐, 두더지, 다람쥐처럼 겨우내 땅속에서 지내는 생물들도 눈 덕분에 따뜻하게 지낼 수 있어요.

하지만 눈이 언제나 좋은 것만은 아니에요. 눈이 너무 많이 쌓이면 겨울잠을 자지 않는 동물들은 돌아다니기 힘들고 먹이 구하기도 힘들어져요. 그래서 겨울이면 먹이를 구하기 위해 마을까지 내려오는 동물들을 종종 볼 수 있어요.

또 눈이 너무 많이 오면 자동차나 배 같은 교통수단이 다니기 어려워지고 사고가 나기도 쉬워요. 때론 폭설 때문에 집에 갇히거나 농사를 망치기도 하지요.